Vente du Samedi 17 Mai 1902
Hôtel Drouot, Salle 6
à 3 Heures

Tableaux

PAR

HUGO D'ALÉSI

Mᵉ Paul CHEVALLIER
MM. BERNHEIM Jeune

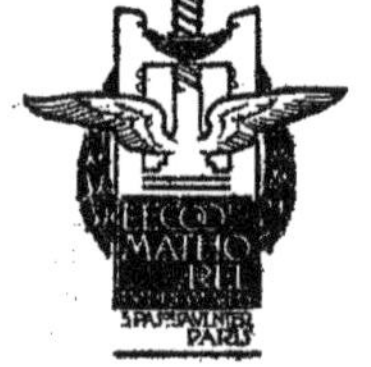

CATALOGUE

TABLEAUX

PAR

HUGO D'ALÉSI

———

**Vues du Dauphiné,
de la Côte d'Azur, de Suisse et de Tunisie**

———

Dont la vente aura lieu à Paris

HOTEL DROUOT, Salle N° 6

Le Samedi 17 Mai 1902, à 3 heures

COMMISSAIRE-PRISEUR :	EXPERTS :
Mᵉ PAUL CHEVALLIER	MM. BERNHEIM JEUNE
10, rue de la Grange-Batelière	8, rue Laffitte et 36, avenue de l'Opéra

EXPOSITION PUBLIQUE:

LE VENDREDI 16 MAI 1902

de 1 heure 1/2 à 5 heures 1/2

CONDITIONS DE LA VENTE:

Elle sera faite au comptant.

Les acquéreurs paieront *dix pour cent* en sus des prix d'adjudication.

HUGO D'ALÉSI

A récente exposition de paysages alpestres faite par M. Hugo d'Alési, chez Georges Petit, fut un événement artistique. Les critiques d'art les plus autorisés, MM. Thiébault-Sisson, Arsène Alexandre, A. de Calonne, Gaston Méry, etc., en d'excellents articles, ont signalé l'importance et l'intérêt de cette exposition, d'où le brillant artiste est sorti classé au premier rang des peintres de montagnes (1).

Ce beau succès était d'autant plus flatteur pour M. Hugo d'Alési que la critique pas plus que la presse n'aime guère, lorsqu'un genre de mérite a été reconnu à un artiste, lui décerner une autre sorte de laurier. Cela dérange notre paresse d'esprit, en nous contraignant à modifier une opinion acquise et rangée dans notre bagage intellectuel. Et cela nous contrarie encore dans le sentiment de parcimonie avec lequel nous accordons la louange. Lorsqu'un artiste applaudi dans une manière, dans une " partie ", se présente à nous dans une autre, on est tenté de lui dire : "Mais on vous a déjà donné !".

Or, Hugo d'Alési est classé comme le maître des paysagistes de l'affiche, et européennement connu à ce titre. Qui n'a admiré ces vues éclatantes de sites alpestres, de côtes

____

(1) On lira plus loin des extraits de ces articles.

d'azur, de pittoresques vallées, que les administrations des chemins de fer répandent à profusion dans les gares et sur les murailles de nos villes, et où l'artiste a mis des qualités si remarquables de composition et de couleur ? Elles ont contribué puissamment à la prodigieuse extension du tourisme en ces dernières années. Elles guident vers des coins du monde, inconnus hier, célèbres demain, la foule moutonnière des voyageurs, et charment platoniquement les yeux des sédentaires. Que de pauvres diables auront dû leur unique vision d'Alpes neigeuses, de golfes bleus, de lacs d'émeraudes, au peintre qui fit, selon l'expression du poète :

> . . . . . . D'un pinceau de lumière
> Une aumône d'azur aux yeux déshérités.

Quelques critiques, à ce propos, se sont étonnés qu'un lithographe pût se révéler du jour au lendemain peintre excellent. Mais si la plupart des peintres d'affiches de genre dessinent leur sujet lithographiquement, et font faire la mise en couleurs sur les autres pierres, l'affiche de paysage, telle que l'exécute Hugo d'Alési, comprend d'abord : un tableau achevé, à l'huile ou à l'aquarelle, fait sur nature, qu'il livre ensuite aux chromistes. Rien d'étonnant donc que cet excellent peintre d'affiches de paysage, soit un bon peintre de paysage : il a commencé par là.

Et cette sorte de tableau, le tableau pour l'affiche, est particulièrement difficile et méritoire. Il y faut tenir compte, et des exigences particulières du client et des conditions dans lesquelles le "tableau" sera présenté. Les exigences du client, qui ne pense qu'à la présentation bien complète de son site au point de vue commercial, sont infinies et généralement tout à fait antiesthétiques. Les conditions dans lesquelles l'œuvre sera présentée au public sont : d'abord, qu'elle est destinée à l'impression, d'où la nécessité d'une précision et d'un fini qui choquent parfois l'œil du critique ; ensuite, qu'elle sera exposée en plein vent, au soleil, à la pluie, et qu'elle y doit durer le plus possible, d'où l'obligation de forcer la couleur.

Le peintre qui, surmontant ces difficultés et quelques autres, réussit à produire une œuvre conforme à la fois à l'esthétique particulière de l'affiche, qui est le tire-l'œil, et à l'esthétique générale, qui est l'harmonie, peut passer pour un excellent artiste. Tenez pour certain que dans un tableau peint dans les conditions normales, en libre allégresse, il fera œuvre de maîtrise.

C'est ce que la critique et le public ont constaté avec quelque étonnement et ce qu'ils auraient dû attendre, dans l'Exposition des vues de montagnes d'Hugo d'Alési.

.*.

Il montrait quelque audace en s'attaquant uniquement à la montagne. Rien n'est plus difficile, et c'est pourquoi, sans faire injure à l'Exposition annuelle du Cercle de la Librairie, les peintres de montagne sont si rares. On cite à bon droit Baud-Bovy, Segantini, Normann, Didier-Pouget. On peut citer encore l'admirable Rousseau, qui peignit avec tant de force les monts de son Auvergne ancestrale, aux flancs couverts de bruyères et d'ajoncs, vertes et noires, — verts vigoureux lavés par les pluies fréquentes, — et couronnées de nuages aux puissantes ombres ; Rousseau qui, esquissant son tableau du *Mont-Blanc vu de la Faucille (effet d'orage)*, restait écrasé par la grandeur du spectacle : le mont apparaissant soudain, en sa pureté vierge et sublime, parmi les nuages sombres que chassait le soleil. Transporté, les yeux pleins de larmes, il s'écriait : « Vive Dieu ! vive Dieu ! vive le grand artiste ! ».

Bien loin d'avoir jamais rendu ces effets magiques, les peintres de la montagne s'appliquent généralement à l'esquiver. Ils font avec soin leur premier plan qui, là, est insignifiant et ne devrait pas être vu, et esquissent la montagne en gris dans le lointain.

Le procédé plein de franchise d'Hugo d'Alési est tout autre : il traite sommairement le premier plan et peint hardiment la montagne même, dans sa majesté, dans sa splendeur, dans sa riche lumière, dans sa robe changeante de belles couleurs. Il y a là, au lieu des gris mornes, des gammes de bleus délicieux. M. Hugo d'Alési a une admirable entente de la montagne, où il a passé la plus grande partie de sa vie ; il en connaît tous les aspects de toutes les heures ; il sait tous les jeux de lumière dont elle s'égaie, depuis la première flèche d'or qui touche les cimes rosissantes, jusqu'à l'embrasement de *l'alpenglühn*, jusqu'aux pâles ivresses des clartés stellaires. Il rend avec une science exquise ces effets de soleil couchant, si fugitifs qu'on ne peut pas plus les suivre que le sourire multiplié et fuyant des vagues, dans son insaisissable mobilité.

Beaucoup de ces effets — par exemple, les neiges vues à contre-jour et qui paraissent bleues, et bien d'autres, d'une

aussi rigoureuse observation — surprendront peut-être le
public, qui ignore la montagne. Cette ignorance, du reste, se
dissipe chaque année, avec l'extension du tourisme et de l'alpi-
nisme, à laquelle Hugo d'Alési lui-même a tant contribué :
le siècle va à la montagne, comme Mahomet. Et, comme c'est
un sujet presque neuf, nul doute que la montagne soit extrê-
mement à la mode dans quelques années.

George MALET.

Voici quelques extraits des articles consacrés par la presse à l'Exposition d'Hugo d'Alési chez Georges Petit.

L'excellent critique d'art du *Temps*, M. THIÉBAULT-SISSON, écrivait :

« M. Hugo d'Alési, se révèle, dans ses paysages alpestres, comme un peintre de montagne qui posséde à fond son métier. Il y déploie des qualités de vision qui, dans cette catégorie de travaux, ont toujours été assez rares, et l'accent personnel en est ferme. On ne confondrait ses vues des grandes Alpes ni avec celles de Baud-Bovy, si exactes, ni avec celles de Segantini, si poignantes. Il a toute la solidité du premier, mais son exécution est plus ample, ses tableaux sont mieux composés. En revanche, il n'a ni le souffle épique du second, ni sa puissance d'expression, et sa facture, trop uniforme et trop lisse, est en désaccord, trop souvent, avec la sauvagerie des sites qu'il traduit.

» Tel quel, il n'est pas négligeable. Il excelle à graduer l'intérêt, à saisir l'effet pittoresque, à le faire valoir par un habile contraste avec des motifs plus reposés et des lumières plus calmes. Aussi préfére-t-il les effets du matin, du crépuscule ou de la nuit, qui se prêtent mieux que ceux du jour à ces oppositions. C'est la *Vallée de l'Isère (effet du soir)* ; ce sont les *Derniers Rayons, vallée de la Romanche ;* c'est la *Meije au soleil levant ;* c'est le *Lautaret (effet de nuit)*. Les deux premiers, surtout, de ces morceaux sont vraiment caractéristiques de la manière du peintre, et l'impression qu'ils produisent est d'une sérénité vraiment imposante.

» A la série que je viens de citer il faut joindre, et pour l'intérêt du motif, et pour l'adresse de son interprétation, *le Pic*

Muretta et le Lac Caoloccio (Maloja). Il y a là une cime qui se
reflète avec une netteté quasi photographique dans le miroir
assombri d'un lac bleu. C'est la seule toile où l'artiste ait
marqué avec force l'inaccessible et le fatal des hautes cimes. »

M. Arsène Alexandre *(Figaro)* :

« L'entreprise de faire des vues de montagnes est une des plus
téméraires qui soient en peinture. La majesté terrifiante de ces
colosses se prête peu à être réduite aux proportions d'une toile
de chevalet. Si, d'autre part, on met de la précision à ce travail,
on court le risque de donner simplement un document orogra-
phique un peu sec ; si on y met de l'ardeur, de la folie, on
déconcerte le public en lui présentant des effets qu'il n'a pas su
remarquer ou qu'il croit fantaisiste. Aussi Corot, qui allait fré-
quemment en Suisse chez des amis, s'est toujours refusé à y
peindre : il était prudent, ou plutôt il ne trouvait pas son inspi-
ration là dedans. En revanche, Besnard a saisi au vol, dans la
Savoie, des effets de montagnes, de nuages et de lacs tout à fait
vertigineux. Enfin, M. Baud-Bovy a été aussi loin qu'on peut
aller dans la précision et la description panoramique.

» M. Hugo d'Alési a donc montré du courage en s'attaquant
à un filon aussi difficile, bien qu'il fût dans sa spécialité propre-
ment dite. Quoi qu'il en soit, il y a de fort bonnes choses dans
son exposition, — et en particulier le pic de la Meije, que l'on
dit inaccessible et jusqu'ici inviolé par presque tous les ascen-
sionnistes, est justement celui qu'il a le mieux « réussi ».

M. Gaston Méry *(Libre Parole)* :

« M. Hugo d'Alési, dont tout le monde a lu le nom au bas
des ingénieuses et verdoyantes affiches qui ornent les quais et
les salles d'attente des gares, n'est pas seulement, comme beaucoup le croient peut-être, un habile décorateur. C'est un peintre

de talent rare et fier, qui recherche les sites solitaires, les glaciers, les montagnes. S'il fallait le définir en une bréve ormule, on pourrait l'appeler le peintre des cimes.

» Il expose, en ce moment, à la galerie Georges Petit, une série de toiles qui forme le résumé de son œuvre. Sa manière, hautaine et nette, s'y révèle avec ses qualités et ses défauts, ceux-ci n'étant, d'ailleurs, le plus souvent, que l'exagération de celles-là. Son âme y transparaît noble et rêveuse.

» Je ne sais pourquoi on songe, devant ces tableaux, aux poésies, à certaines poésies du moins, d'Alfred de Vigny. C'est, sans doute, qu'entre le poète et le peintre, il y a une affinité, une analogie, une ressemblance.

» Quoi qu'il en soit, on a rarement rendu avec plus de précision émouvante la mélancolie, la grandeur, l'espèce d'horreur tragique aussi, des vallées, des précipices, des neiges éternelles.

» L'exposition de M. Hugo d'Alési est fort digne d'attirer les amateurs qui, dans l'art, recherchent avant tout la probité, la noblesse et la simplicité. Le style, c'est l'homme, a dit Buffon. Cela pourrait se dire tout aussi bien de la manière des peintres, et M Hugo d'Alési serait certainement un de ceux qui justifieraient le mieux la formule. »

Un critique de grande expérience et de grande sincérité, le comte ALPHONSE DE CALONNE, mort récemment, disait, dans le *Soleil* :

« M. Hugo d'Alési n'est inconnu pour personne. Il y a longtemps déjà que les Compagnies de chemins de fer ont appelé sa palette décorative à donner le relief de l'art à leur livrets d'excursions, à leurs affiches, aux trumeaux de leurs gares. Si cela a été pour elles une heureuse pensée, c'a été pour lui un fécond apprentissage, un moyen de lier familiarité avec les grands spectacles de la nature, de se les approprier en quelque sorte et d'en surprendre les mystères.

» Dès ces premiers essais de peinture décorative, il m'avait paru que l'auteur de ces grands et petits paysages s'était mis fort au-dessus de ces confrères du genre et donnait des promesses de talent original et sincère. On peut dire de lui qu'ayant beaucoup vu, il a beaucoup retenu.

» Aujourd'hui l'artiste s'est développé et fortifié dans ces exercices préparatoires. Il arrive plein d'expérience et nanti de richesses recueillies dans les Alpes et dans les Pyrénées. Du premier coup, il se place au premier rang des peintres de montagnes. C'est une section nouvelle qui s'est fondée dans la classe des paysagistes. Nous y rencontrions déjà les peintres de marine, les peintres de forêts, les peintres de ruines et de monuments; nous possédons maintenant des peintres que les hauts sommets attirent et que les neiges éternelles captivent.

» M. d'Alési a vécu étroitement dans l'intimité des montagnes et en a recuilli tous les secrets. Il a dérobé pour nous séduire certains rayons au soleil couchant que nous n'avions jamais rencontrés jusqu'ici chez les peintres alpinistes. Ce n'est pas du rouge, ce n'est pas de l'orangé, c'est encore moins du jaune. Et pourtant c'est une couleur qui participe des trois tons sans que l'on puisse aisément observer dans quelles proportions s'est établi le mélange. Il faut avoir passé par l'épreuve de ces recherches pour en apprécier les difficultés. M. d'Alési a résolu le problème et a donné à ses couchers de soleil l'accent de la vérité. Il n'a point ni le rose tendre des timides, ni la rudesse sanguine des audacieux. Il sait fort bien que les montagnes n'affectent ni crudité ni molesse : elles se fondent en des teintes variées et sensibles : le regard n'en est jamais affadi, l'œil n'en est jamais blessé.

» Il nous suggère une autre observation : il use largement des bleus. Une gorge étroite entre deux montagnes, un bleu profond va nous en mesurer l'étendue. Des neiges éternelles, des glaciers visités par les ombres du soir, un bleu diaphane va les mettre en opposition avec les derniers rayons solaires. Ce bleu transparent est un secret dérobé à la nature. Essayons de le saisir et d'en faire usage.

» On reprochera à l'artiste le fini de son exécution. Quoi donc? faut-il qu'une peinture soit inachevée pour être bonne et qu'elle ne soit bonne qu'à la condition d'être imparfaite ? C'est se moquer que de le prétendre. Qu'on en soit bien persuadé, ceux qui laissent dans leur œuvre quelque chose à faire manquent de

la virtuosité nécessaire pour la mener à bien. Il ne faut rien exa-
gérer pourtant. Les premiers plans, chez le peintre des montagnes,
ne doivent pas atteindre un fini trop flatteur. Ce sont de rudes
modèles que ces roches déchirées et roulées à leur pied. Toutes
n'ont pas été polies par le glissement des glaciers et les moraines
elles-mêmes ont parfois une couleur violente qui vient au
secours de la perspective aérienne. Nous engageons le peintre
des montagnes à ne pas négliger cet élément de pittoresque.

« Parmi les meilleurs morceaux de l'exposition que nous
signalons, nous recommanderons plusieurs vues diverses du
mont Cervin, ce colossal menhir, lancé contre le Ciel des
profondeurs de l'Enfer, pour tenter l'audace des fils de Japhet.
A côté et sur le même plan, nous plaçons volontiers un
soleil couchant répandu sur les quatre pics des Mischabel,
plusieurs vues du Dauphiné et particulièrement du glacier de
la Meije. Il faudrait tout citer. La région des montagnes ne
va pas sans les lacs, et si le « lac noir » au pied du Cervin
est d'aspect sinistre, le lac du Bourget, sous la caresse de la
lune, rappelle sur les lèvres les vers de Lamartine.

De M. Henri Dac, le critique de l'*Univers* :

« M. Hugo d'Alési, qui n'était jusqu'ici connu du public que
par des affiches de voyages, fort pittoresques, se révèle tout à
coup peintre de montagnes. Ce genre, où ont excellé Normann,
Baud-Bovy, Segantini et Didier Pouget, est difficile et assez
ingrat Rien, en effet, n'est plus décevant que ces masses
énormes, ces abîmes gigantesques, ces pics dentelés couverts
de glaces et de neiges. En leur présence, on se sent comme
écrasé, comme anéanti. Il faut une singulière hardiesse pour en
rendre les effets prestigieux et trompeurs. M. Hugo d'Alési, qui
a du talent et du courage, a parcouru en bon alpiniste les
massifs du Dauphiné, du mont Blanc, du mont Cervin, des
Pyrénées; il y a noté sur place les sites les plus curieux et il
'est appliqué à en rendre les beautés. C'est ainsi qu'il a bien
exprimé la splendeur de la Meije au soleil levant et au soleil

couchant, le glacier vu du Lautaret, le lac Noir et le lac Riffel
au mont Cervin. Je reprocherai seulement, ça et là à sa facture
un peu trop de correction et d'exactitude, qui nuisent à la
valeur et à la puissance du sujet.

» M. Hugo d'Alési a essayé de montrer dans toute sa majesté
le bloc effrayant du Cervin, qui domine comme une tour
gigantesque un paysage fantastique où luisent des champs de
neige éblouissants et où scintillent les saphirs et les émeraudes
des glaciers. Les réflexions de Rodolphe Stratz, que j'avais lues
hier, sur les hautes cimes qui lèvent leurs têtes neigeuses vers le
ciel, revenaient à ma mémoire : « Elles se dressent là, impas-
sibles, effrayantes comme l'éternité, séparées du monde inférieur
par des murs grisâtres. Que leur importent les plaisirs et les
souffrances de la terre ? Elles étaient là, avant le premier de
cette race de nains qui leur met maintenant le pied sur la nuque ;
elles seront là quand le dernier de ces pygmées aura péri dans le
désert de glace qui un jour descendra lentement de leurs pentes
pour envahir le globe refroidi. » M. Hugo d'Alési a voulu
pénétrer dans ce domaine alpestre qui n'ouvre ses secrets qu'à
ceux qui l'aiment, et il en a pris possession avec joie.

» Parmi ses toiles, le *Lac du Bourget* avec un effet de lune,
le même lac avec des effets de soleil, le lac de la Maloja assombri
par les épais nuages qui vont dans un moment vomir la foudre,
le coucher du soleil sur les Mischabels sont d'une vérité imposante. J'ai vu la plupart de ces sites admirables et je les ai
retrouvés avec plaisir sous la brosse d'un peintre de talent. »

On lisait dans le compte-rendu du *Journal* :

« Le peintre Hugo d'Alési, qu'on croyait jusqu'ici uniquement épris de soleil et de mer bleue, vient de se révéler
amoureux de montagnes dans toute une série de tableaux qu'il
expose en ce moment chez Georges Petit, rue de Sèze.

» Et si je dis amoureux ce n'est pas sans raison, car il faut,
en vérité, bien aimer la montagne pour la comprendre et la
traduire d'aussi magistrale façon qu'il l'a fait.

» J'ai encore les yeux tout pleins de couleur et de lumière et je ne sais quel tableau je signalerai davantage à votre attention : « Le Glacier de l'Homme » ou « Le Lac Noir », « La Vallée de l'Isère » ou « Le Coucher de soleil sur la chaîne des Mischabels ».

» Tous valent qu'on s'y arrête ; tous méritent l'examen, et l'on revient de la rue de Sèze ayant eu un régal artistique peu commun, procuré par un artiste qui a, en même temps que la poésie, la science parfaite de son art. »

La place nous fait défaut pour citer les articles de la *Gazette de France*, du *Rappel*, du *New York Herald*, de la *Patrie*, de la *Presse*, de l'*Intransigeant*, du *XIXᵉ Siècle*, du *Magasin pittoresque*, du *Journal des Arts*, etc., etc.

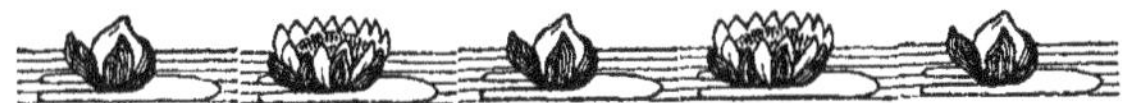

DÉSIGNATION

---

1. — Les Gorges du Tarn (Le Détroit).

Un des sites les plus grandioses de cette contrée si pittoresque; à droite une falaise abrupte, striée de rouille, se reflétant dans les eaux, en cet endroit calmes. du Tarn. A gauche, des bouquets, d'arbres au pied de l'autre versant. Au fond, un coin de ciel.

Toile. — Haut. 82 cent.; Larg. 115 cent.

2. — La Meije (Vue prise du Plateau de Paris).

La Meije « reine du Dauphiné », dans les dernières lueurs du soir. Dans l'échancrure, entre le pic de la Meije et le pic du Rateau, on aperçoit le col de la Brèche. Entre ce massif et le plateau de Paris on sent monter la nuit de la vallée de la Romanche. Les nuages qui dévalent des pentes neigeuses reflètent leur or dans le miroir azuré du lac. (Lac noir.)

Toile. — Haut. 73 cent.; Larg. 100 cent.

2.

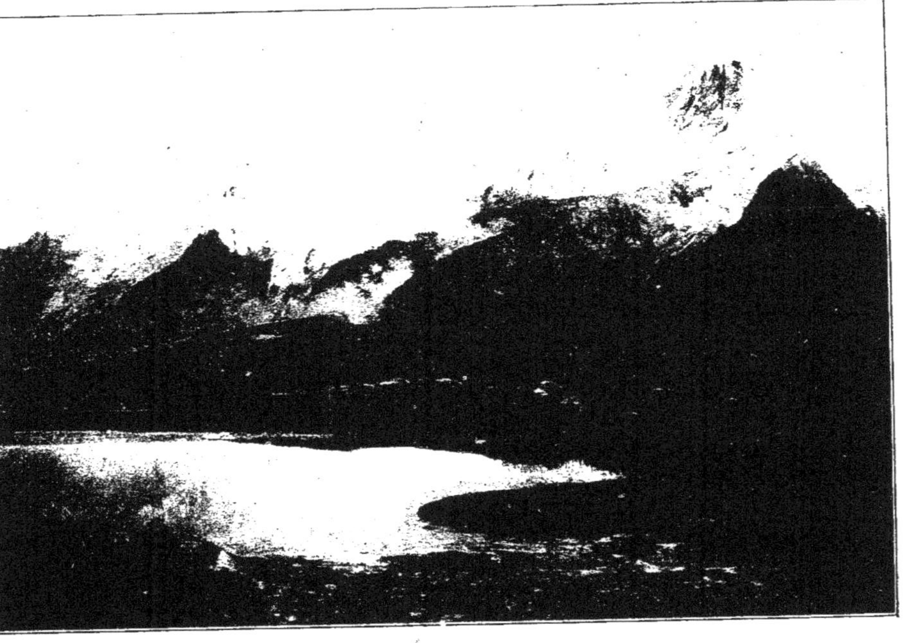

LA MEIJE, *vue du Plateau de Paris*

3. — Les Mischabels.

Dans un de ces ciels limpides des hautes altitudes où tous les tons se détachent avec la même netteté, la chaîne des Mischabels, éclairée par les derniers rayons du soir. Curieux effet de contraste entre les neiges dorées par la lumière et les neiges dans l'ombre, d'un bleu verdissant. Derrière le premier plan chargé de roches, la profondeur bleue de la vallée.

Toile. — Haut. 48 cent.; Larg. 73 cent.

4. — La Vallée de l'Isère

(Vue prise de la route du Sappey).

Au premier plan, des roches grises, rouillées de mousse et serties de graminées roses, dominent la vallée où serpente l'Isère. Noyé dans les brumes du soir se dressent l'écran ensoleillé des Alpes Dauphinoises. A gauche, le Pic de Belledonne, la grande Lance, les grandes Rousses ; au centre, Taillefer, l'Obiou ; à droite, la vallée du Drac et le Mont-Aiguille.

Toile. — Haut, 82 cent. ; Larg, 115 cent.

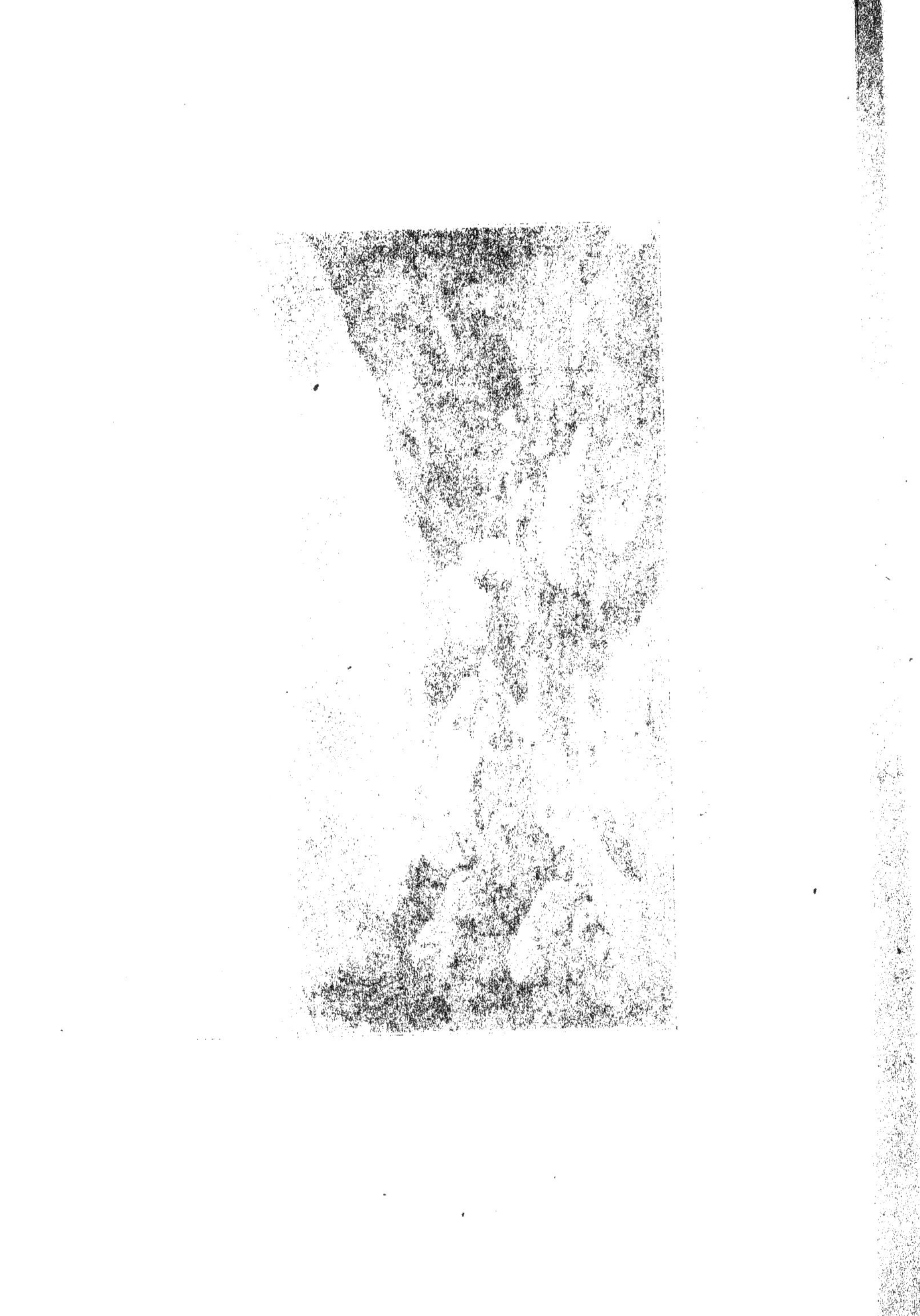

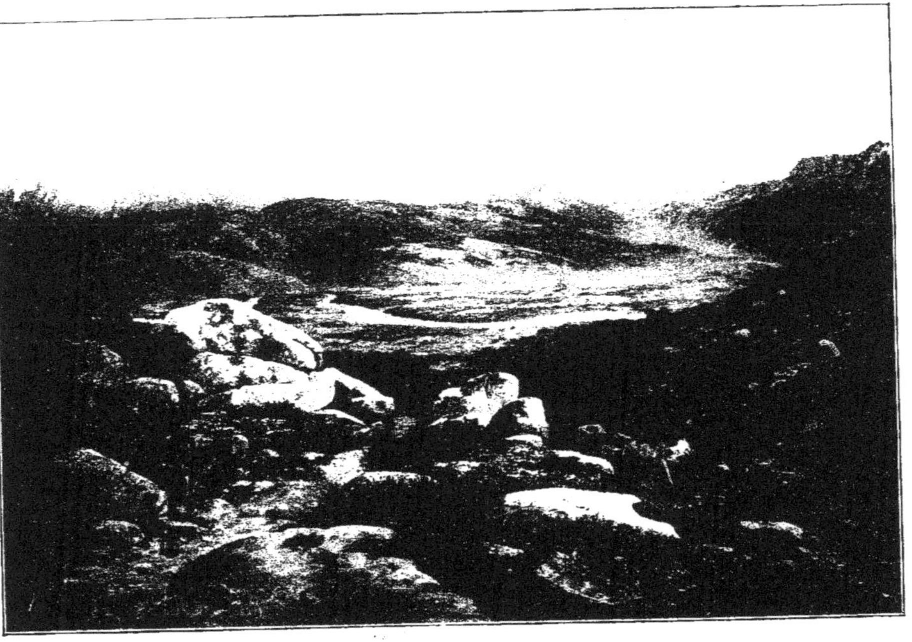

LA VALLÉE DE L'ISÈRE, *vue prise de la route du Sappey*

5. — Le Lautaret.

La lune cachée derrière la montagne, éclairant un ciel moutonneux et les neiges du Glacier de l'Homme. A droite, l'hôtellerie du Lautaret éclairée à l'intérieur et devant laquelle une diligence amène des voyageurs. Une flaque d'eau au premier plan, reflétant le ciel argenté, indique qu'il a plu quelques heures avant.

Toile. — Haut. 54 cent.; Larg. 73 cent.

6. — Pins, à l'île Sainte-Marguerite.

Des pins tordus par le vent étendent leurs branches sur une mer de mistral. Des flots bleus et agités émergent les roches blanches vivement éclairés par le soleil de midi.

Toile. — Haut. 48 cent.; Larg. 73 cent.

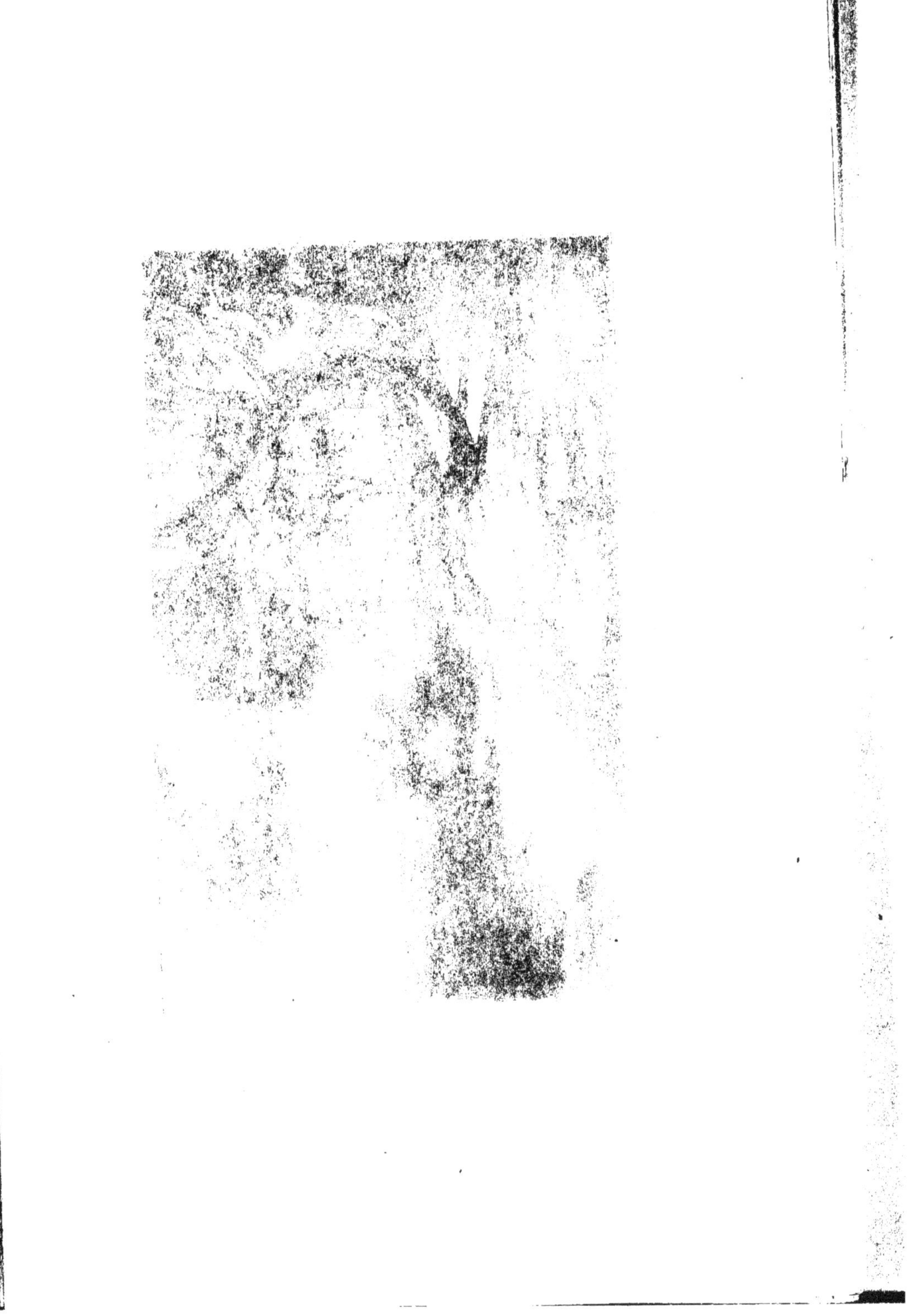

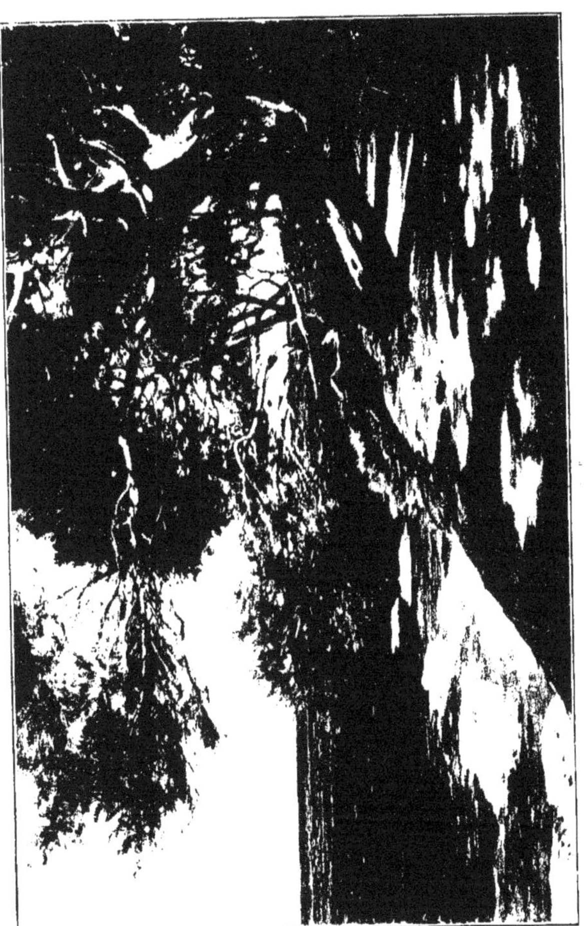

PINS A L'ILE SAINTE-MARGUERITE

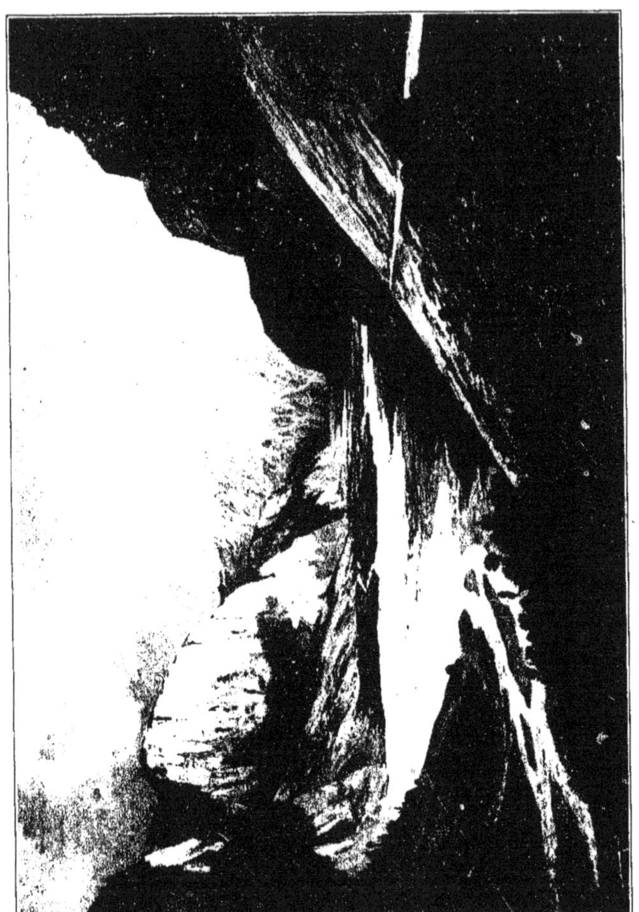

VALLÉE DU BOURG D'OISANS (Dauphiné)

7. — Vallée du Bourg-d'Oisans.

Vue d'un tournant de la route du Bourg-d'Oisans à Saint-Christophe, la vallée apparaît encaissée entre des falaises abruptes. Sur un lit de gravier blanc et vivement éclairé, le Vénéon roule ses eaux bleues ; au fond, le massif de Belledonne dont le pied est baigné d'une buée bleuâtre qui s'élève du fond de la vallée.

Toile. — Haut. 65 cent.; Larg. 92 cent.

8. — Le Lac Noir du mont Cervin.

Les eaux assombries du lac reflètent les pics
et les neiges dorés par les derniers rayons du
soleil. L'éboulement chaotique du premier plan,
les eaux noires du lac ainsi que la masse
dénudée et aride des montagnes du fond forment
un ensemble sauvage. Au lointain la petite
Chapelle de Notre-Dame des Neiges.

Toile. — Haut. 48 cent. ; Larg. 73 cent.

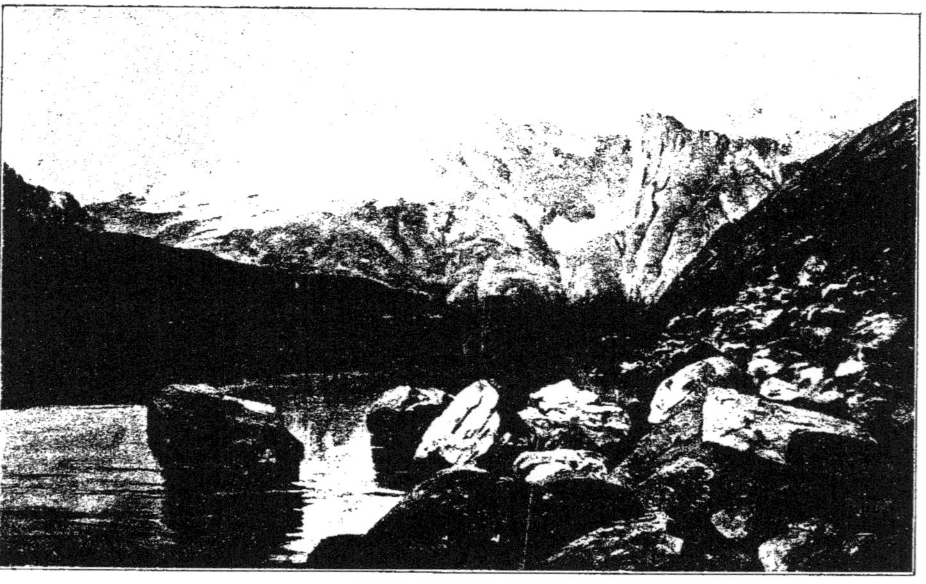

LE LAC NOIR DU MONT CERVIN

9. — Le Mont Cervin et le Lac du Riffel.

Curieux effet de neige à contre jour. Le Pic
du Cervin se détache sur un ciel crépusculaire
empourpré. Au premier plan, les eaux plombées
du Lac du Riffel.

Toile. — Haut. 43 cent.; Larg. 60 cent.

10. — Un Orage sur le lac de la Maloja.

Un orage est près d'éclater sur le lac aux eaux
plombées : les nuages s'amoncellent.

Toile. — Haut. 73 cent.; Larg. 100 cent.

11. — Carqueiranne (Hyères) Matin.

Sur un ciel matinal, des pins maritimes projettent leurs branches, à travers desquelles on voit l'aube poindre. Mer blonde et nacrée s'irisant de petites vagues qui viennent mourir sur une grève rocailleuse.

Toile. — Haut. 48 cent.; Larg. 73 cent.

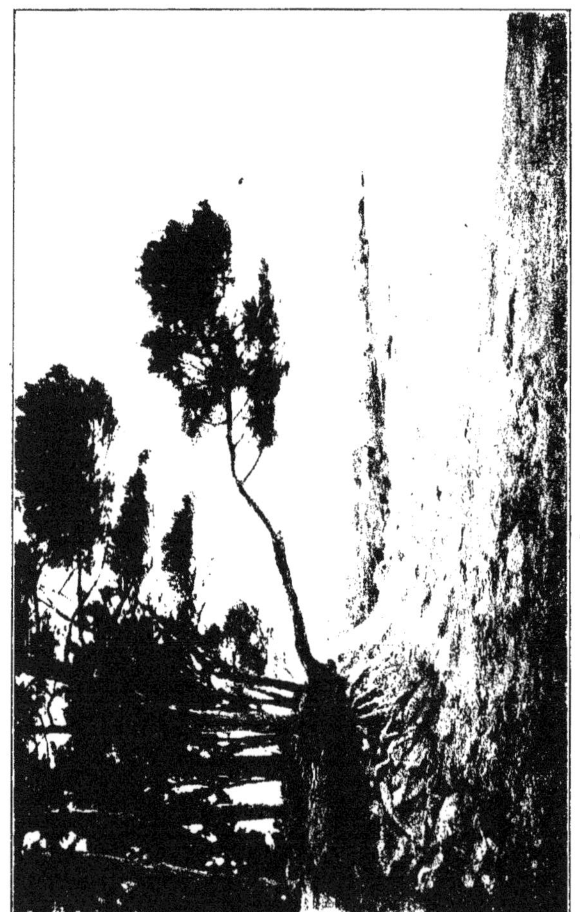

CARQUEIRANNE (Hyères). — *Matin*

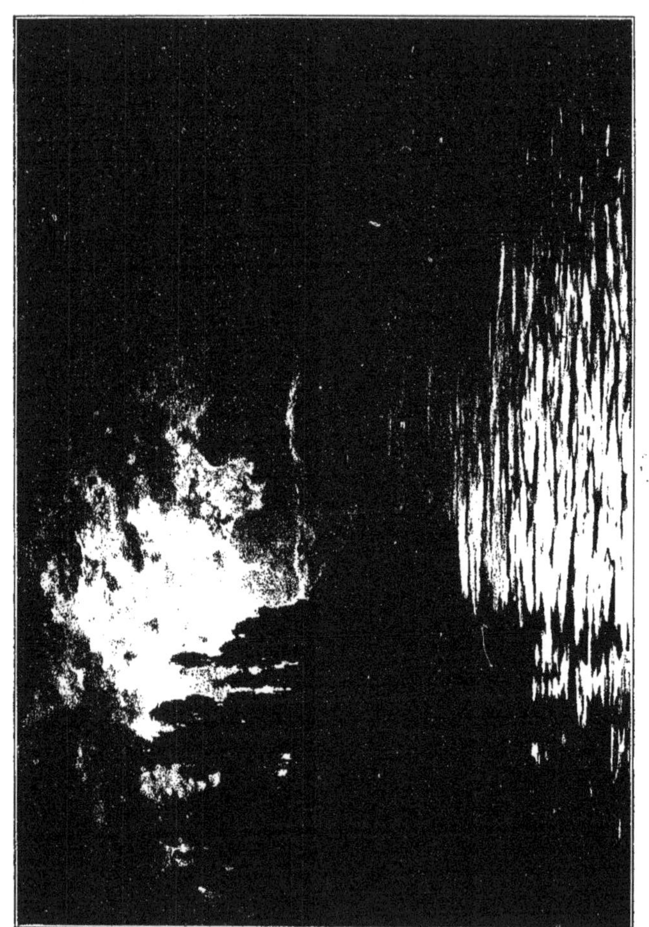

LE LAC DU BOURGET. — *Effet de Nuit*

12. — **Le Lac du Bourget** (Effet de nuit).

La lune émergeant d'un ciel pommelé de
nuages, se réfléchit en reflets argentés dans les
eaux du Lac ; à gauche, un bouquet de peupliers,
s'érige vers le ciel et reflète sa masse sombre
dans les eaux.

Toile. — Haut. 65 cent. ; Larg. 92 cent.

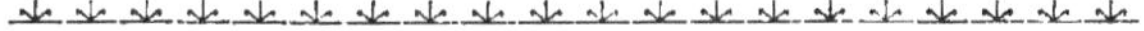

13. — Le Pic Muretta et le Lac Caoloccio.

Empourprée par les derniers rayons du couchant, la cime du pic Muretta s'élève avec sérénité dans le ciel transparent; les eaux limpides et calmes du lac reflètent l'image flamboyante du colosse.

Toile. — Haut. 54 cent.; Larg. 73 cent.

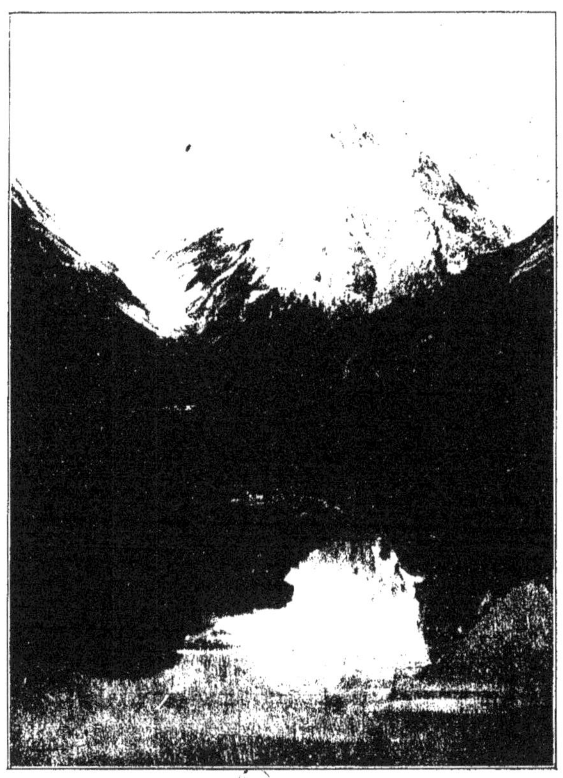

LE PIC MURETTA ET LE LAC CAOLOCCIO (Maloja)

14. — Une Rue à Sousse.

Un arabe est assis sur le seuil d'une porte
mauresque. Dans la rue, quelques passants.

Au fond le Minaret d'une mosquée.

La réverbération de l'intense lumière noie les
ombres dans une blonde clarté.

Toile. — Haut. 61 cent.; Larg. 46 cent.

15. — Le Pic du Midi d'Ossau (Pyrénées).

La Vallée de Gabas, déjà dans l'ombre du
soir. Le Pic du Midi rougeoyant aux rayons
du couchant, dans un ciel limpide.

Toile. — Haut. 73 cent.; Larg. 48 cent.

16. — Laveuses Kabyles (Sousse).

Sur un tertre sablonneux et sous la lumière crue du soleil, des femmes nomades étendent le linge qu'elles viennent de laver. Au premier plan, à droite, une jeune fille apporte de l'eau. A gauche, le chef de la tribu, surveillant le travail des femmes ; au fond, la ville de Sousse et la mer.

Toile. — Haut. 46 cent.; Larg. 61 cent.

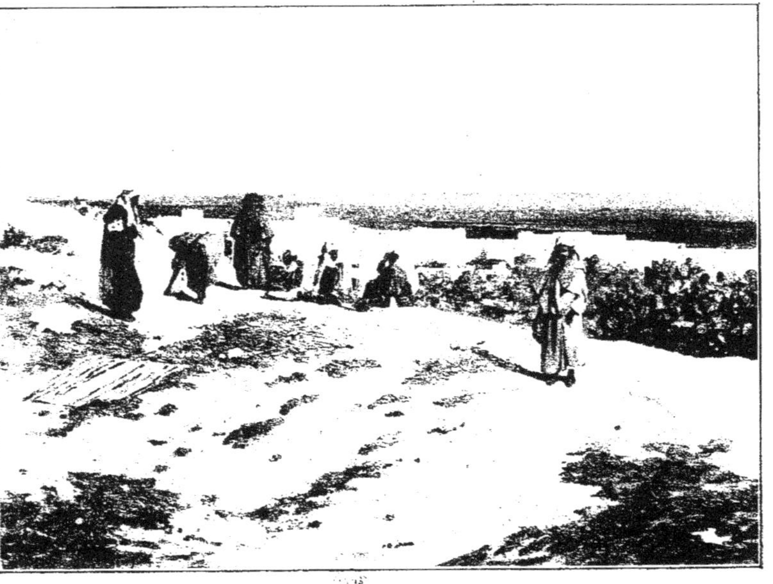

LAVEUSES KABYLES (Sousse)

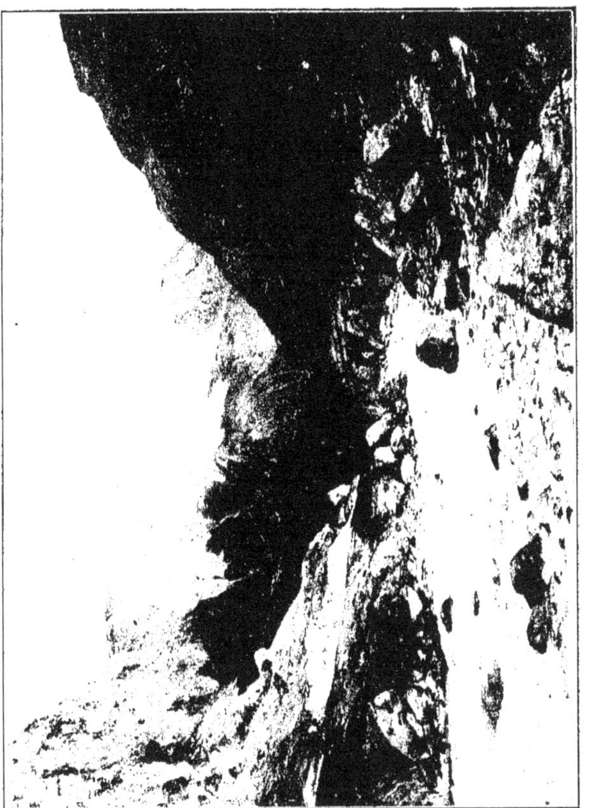

VALLÉE DU VÉNÉON (Dauphiné)

17. — Vallée du Vénéon (Dauphiné).

Torrentueux, le Vénéon roule ses eaux transparentes, tachées d'écume, entre des éboulis de roches; au fond, le Pas de la Selle; à gauche, on distingue la route du Bourg-d'Oisans à Saint-Christophe.

Toile. — Haut. 54 cent.; Larg. 73 cent.

18. — Une Porte à Sousse (Tunisie).

Une porte et une partie du mur d'enceinte de
Sousse, avec dans le fond, la Kasbah, vivement
éclairées par le soleil couchant. Des bergers
conduisent des troupeaux de moutons; le nuage
de poussière qu'ils soulèvent enveloppe le bas
des remparts; au fond, une échappée sur la mer;
au premier plan, à droite, un tunisien assis sur
une pierre.

Toile. — Haut. 48 cent.; Larg. 73 cent.

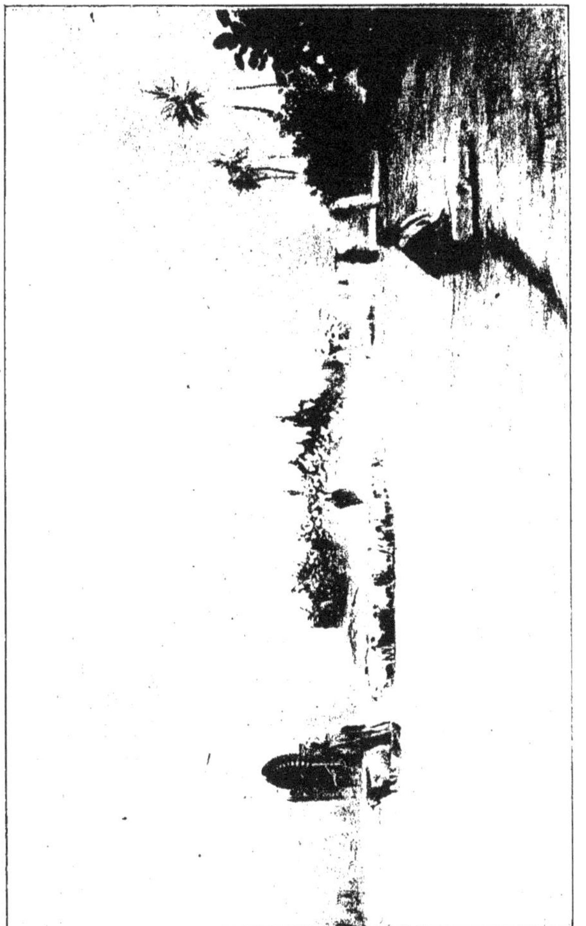

UNE PORTE A SOUSSE (Tunisie)

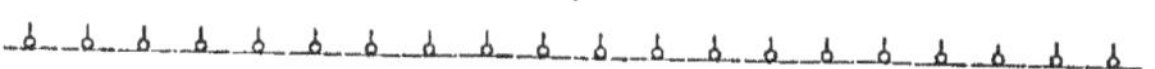

19. — L'Ile Sainte-Marguerite.

Un bouquet de pins se détachant à contre jour
sur la mer bleue et le ciel couchant.

Toile. — Haut. 65 cent.; Larg. 50 cent.

20. — Pont-en-Royan (Vercors).

De vieilles maisons bâties contre le rocher
reflètent leurs silhouettes pittoresques dans les
eaux de la Bourne.

Dans le fond, des roches granitiques ferment
l'horizon ne laissant apercevoir qu'une échappée
de ciel.

Toile. — Haut. 23 cent.; Larg. 35 cent.

21. — Le Glacier de l'Homme (Lautaret).

Du plateau parsemé de roches, enfouies dans les hautes herbes mélangées de fleurs alpestres, qui domine la route de la Grave au Lautaret, on voit se dresser majestueusement le Glacier de l'Homme entouré de brumes : de lourdes nuées d'orage font pressentir la pluie. Sur le fond de grisaille se détache en vigueur le pied d'une montagne veloutée.

Toile. — Haut. 54 cent.; Larg. 73 cent.

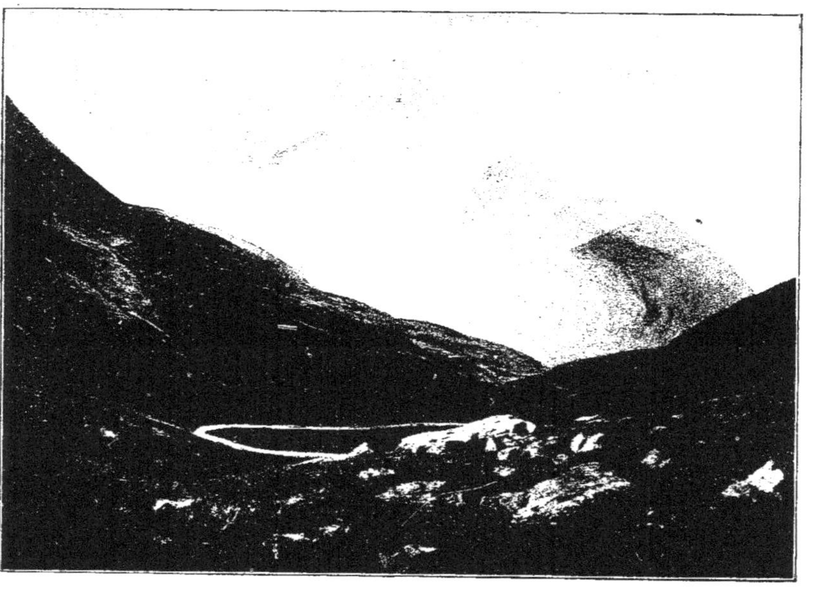

LE GLACIER DE L'HOMME ; Lautaret (Dauphiné)

22. — Dans la vallée de la Romanche.

L'ombre d'un pic voisin couvre le premier plan d'une coulée de pierres dont la partie supérieure est baignée de soleil, au fond un pic neigeux, au pied duquel s'indique la vallée de la Romanche par une note d'un bleu intense.

Toile. — Haut. 47 cent.; Larg. 60 cent.

23. — Le Lac du Bourget (Au soleil levant).

Une blonde lumière matinale baigne les eaux du lac. A gauche, se détache en vigueur sur le ciel, un bouquet de peupliers. Dans le fond, la Chaîne de Belledonne.

Toile. — Haut. 48 cent.; Larg. 73 cent.

24. — A Juan-les-Pins.

Un bouquet de pins aux troncs vivement
éclairés par le soleil de midi, au bord de la mer,
dont les vagues claires viennent mourir sur le
sable.

Toile. — Haut. 48 cent.; Larg. 73 cent.

25. — La Kasbah à Sousse (Tunisie).

Des femmes nomades lavent du linge devant
leur gourbi ; au fond la Kasbah, se détachant
sur le ciel bleu.

Toile. — Haut. 47 cent.; Larg. 61 cent.

26. — Le Lac du Bourget (Matin).

Les eaux limpides du lac reflètent un ciel doré
par les premiers rayons du soleil. A droite, des
roseaux avec quelques pieux. A gauche, Haute-
Combe.

Toile. — Haut. 48 cent.; Larg. 73 cent.

27. — Le Trayas (Estérel).

Au premier plan, des roches rouges émergeant des flots bleus de la Méditerrannée.
A gauche, la corniche de l'Estérel.

Toile. — Haut. 54 cent.; Larg. 73 cent.

28. — **Lac du Bourget** (Aurore).

Les premiers rayons du soleil dorent le sommet du Mont-Revard. A ses pieds. Aix-les-Bains, encore plongé dans les brumes du matin. Au premier plan des rochers. se reflétant dans les eaux matinales du Lac.

Toile. — Haut. 48 cent.; Larg. 73 cent.

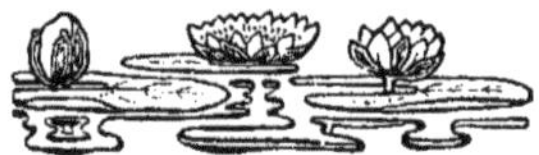

Imp. Lecoq et Mathorel, 3, Passage Saulnier, Paris

9 782329 536408